I0749542

POEMAS CIEGOS COMO EL AMOR

—

POEMS AS BLIND AS LOVE

Mónica Lucía Suárez Beltrán

Translated by
John Mario Cárdenas Garzón

New York, 2023

Title: Poemas ciegos como el amor — Poems as Blind as Love

ISBN-13: 978-1-952336-18-8

Design: © Artepoética Press
Cover Image: Depositphotos_11401936_DS
Editor: Carlos Velásquez-Torres
Editor in chief: Carlos Aguasaco
E-mail: carlos@artepoetica.com
Mail: 38-38 215 Place, Bayside, NY 11361, USA.
Interior ilustration by © Emilia Agudelo Suárez

Contenido — Content

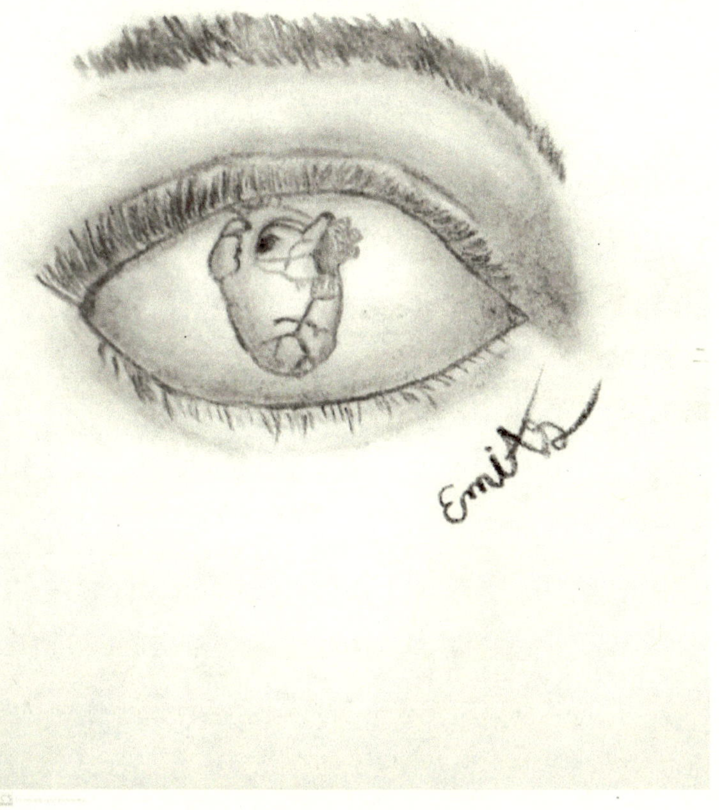

Poema ciego, como el amor
Por / by: Emilia Agudelo Suárez

Poemas ciegos como el amor
Prólogo

Cómo decir lo que no tiene nombre: aquello que, mientras reposamos boca arriba, o en el preámbulo del sueño, nos llega como enigma, dilema o imagen cifrada, ¿cómo lo nombramos? Este libro trata de decirlo; digo que trata, porque no lo logra con plenitud, pues su propósito no es explicar los misterios sino mostrarlos, como sabe hacerlo la poesía en su más alto vuelo.

El pensamiento discurre en ese estado de relajamiento del ocio pasajero y, sin proponérselo, provoca las figuras surgidas de los laberintos verbales que constituyen la poesía. El lenguaje interior obliga a la poeta a levantarse para tomar el lápiz o la máquina antes que el inconsciente le dé lugar al olvido. Hay una persistencia en este libro por retener con las palabras figuradas lo no dicho y entre lo no dicho, lo más íntimo: el amor.

De dónde proviene la poesía, es la pregunta que se cruza en este libro siendo a la vez de poesía: aquí, la poesía habla de la poesía: el poema es el silencio, el abismo, el vacío, un centro y está hecho de huesos, que son sus versos; la poesía es la retrospección de amores idos; pero es también la conjunción de la vida y la muerte; es la imagen onírica que luego toma cuerpo en la palabra, aunque nunca coincidan; es la memoria del líder asesinado en un país de despojos. La poesía es también la incertidumbre. Pero, como la poeta insinúa, cabe la pregunta si la poesía está en el vientre o en el cordón umbilical, modo simbólico otra vez de interrogar por la singularidad del poema.

Algo nos dicen estos versos sobre el origen del espíritu humano; también sobre la presión por interpretar lo que se mira, se escucha y se silencia. Entonces nos dice a su modo, quien habla en estos versos, que, así como se erigen el hombre y la mujer en los tiempos primigenios, se erige el lenguaje y con él la poesía. Es lo que inferimos de la analogía entre el barro, el primer ser humano y la poesía, así como las semejanzas entre quien escribe y la singularidad de los árboles y sus raíces. Los árboles, por ejemplo, también tiemblan como ocurre al sobrevenir la tempestad. Pero antes de caer el árbol en hilachas fue posible la puerta, la ventana, el armario, la cuchara de palo. Antes de caer, el árbol es como el poema: fornido y con luces entre las hojas. Entonces hay una cierta metamorfosis en la construcción del poema, pero igualmente es inevitable la caída.

En consecuencia, las cosas ya estaban antes de que él y ella llegasen; señalarlas y representarlas es el acto inicial de la poesía, porque es jugar con la invención de las palabras. Y escribir poesía es como el acto de parir y de recibir el aliento del recién nacido. La poesía es la criatura que carga con los recuerdos, sean infames o sublimes, de quienes juegan con el lenguaje: el poeta y el niño. Solo cuando se hace pública, la poesía aminora esta carga, como ocurre con el libro al ser leído.

Mónica Lucía Suárez Beltrán hace parte del grupo de escritoras colombianas que, en las décadas transcurridas del siglo XXI, han abierto camino para inaugurar poéticas distintas y modos diferentes de hacer converger las artes alrededor de la poesía, como el caso de la poesía expandida: con música, danza, teatro e iconografías. Por eso el halo del canto y de la letanía en este libro.

Fabio Jurado Valencia
Bogotá, febrero 28, 2023.

Poems as blind as love
Prologue

How to say what has no name: that which, while we lie on our backs, or in the preamble of the dream, comes to us as an enigma, dilemma or coded image, how do we name it? This book tries to say it; I say it tries, because it does not achieve it fully, for its purpose is not to explain the mysteries but to show them, as poetry knows how to do in its highest flight.

Thought flows in this state of relaxation of passing leisure and, without intending to do so, provokes the figures that emerge from the verbal labyrinths that constitute poetry. The inner language forces the poet to get up to pick up the pencil or the typewriter before the unconscious gives way to oblivion. There is a persistence in this book to retain with figurative words the unsaid and among the unsaid, the most intimate: love.

Where does poetry come from, is the question that crosses this book while being poetry at the same time: here, poetry speaks of poetry: the poem is the silence, the abyss, the void, a centre and is made of bones, which are its verses; poetry is the retrospection of loves gone; but it is also the conjunction of life and death; it is the oneiric image that then takes shape in the word, although they never coincide; it is the memory of the murdered leader in a country of spoils. Poetry is also uncertainty. But, as the poetess insinuates, the question arises whether poetry is in the womb or in the umbilical cord, a symbolic way of questioning the uniqueness of the poem.

These verses tell us something about the origin of the human spirit; also about the pressure to interpret what is seen, heard and silenced. Then, in her own way, the one who speaks in these verses tells us, that just as man and woman are erected in primordial times, language is erected, and with it poetry. This is what we infer from the analogy between clay, the first human being and poetry, as well as the similarities between the writer and the uniqueness of trees and their roots. Trees, for example, also tremble, as the tempest comes. But before the tree fell into threads it was possible, the door, the window, the cupboard, the wooden spoon. Before falling, the tree is like the poem: robust and with lights between the leaves. Then there is a certain metamorphosis in the construction of the poem, but still the fall inevitable.

Consequently, things were already there before he and she arrived; to point them out and represent them is the initial act of poetry, because it is to play with the invention of words. And writing poetry is like the act of giving birth and receiving the breath of the newborn. Poetry is the creature that carries the memories, whether infamous or sublime, of those who play with language: the poet and the child. Only when it becomes public does poetry lessen this burden, as a book does when it is read.

Mónica Lucía Suárez Beltrán is part of the group of Colombian writers who, in the past decades of the 21st century, have opened the way to inaugurate different poetics and different ways of bringing the arts together around poetry, as in the case of expanded poetry: music, dance, theatre and iconography. Hence the halo of chanting and litany in this book.

Fabio Jurado Valencia
Bogotá, February 28, 2023.

1. Anoche soñé un poema (en mi alcoba)

1. Last night I dreamt a poem (in my room)

*

Si escribo la palabra abismo
caigo en su centro

¿Qué hay en el centro del abismo?

El vacío
          un silencio
aquello que puede ser un poema

Los versos son los huesos del poema
¿Y su piel?
es lo que dice -quizás-

El abismo es el vértigo
-mientras la caída-
como cuando escribo un poema
que duele o que salva.

Un poema ciego que salta
al abismo
al vacío

El poema es
carne
        Y hueso
          Y aroma.

*

If I write the word abyss,
I fall into its centre.

What is in the centre of the abyss?

The void
            a silence
what can be a poem

The verses are the bones of the poem
What about its skin?
is what it says –perhaps-

The abyss is the vertigo
-while the fall-
like when I write a poem
that hurts or saves

A blind poem that leaps
into the abyss
into the void

The poem is
flesh
    And bone
      And aroma.

**

Si escribo la palabra puerta
me quedo adentro
                O afuera
El poema no tiene la llave
que lo abre o lo cierra
está a campo abierto
no tiene versos escondidos
porque en sí mismo es un secreto
-a voces-
        de las ancestrales y paganas

La puerta se creó para encerrar
palabras
no al poema
Él repta, vuela o trepa.

Es bicho libre
que salta de la boca.

**

If I write the word door
I stay in
        Or out
The poem does not have the key
that opens or closes it
It is in the open field
has no hidden verses
because in itself it is a secret
-an open one-
        of the ancestral and pagan

The door was created to enclose
words
Not the poem
It crawls, flies or climbs.

It is a free bug.
that leaps of the mouth.

***

La palabra fango no deja escribirse
 se escurre entre el poema
le cubre el rostro
 salpica mis ojos y
no deja que el viento salga

¿Será que el primer poema fue hecho de barro?
Quizás nació el primer día
antes que el fango del que salió el primer hombre

La poesía es la luz que alumbra el fango
el fango no es palabra para un
poema
(de pronto arcilla, polvo, charco)
Pero no fango
Fango, no.

***

The word mud cannot be written
it slips within the poem
covers his face
splashes my eyes and
it does not leave the wind out

Shall it be that the first poem was made of clay?
Perhaps it was born on the first day
before the mire from which the first man emerged

Poetry is the light that shines the mire
mire is not a word for a
poem
(perhaps clay, dust, puddle)
But not mire
Mire, no.

****

Tampoco la palabra ombligo.
La escribo y duele el vientre
como si el mundo no fuera ya el útero del tiempo

El ombligo
solo sirve una vez
El poema es átomo
Un para siempre

La palabra ombligo recuerda el parto
Un cordón

¿el poema es un parto o un cordón?

Sale del vientre
en todo caso.

****

Neither is the word navel.
I write it and it hurts my belly
as if the world were not already the womb of time

The navel
only serves once
The poem is atom
A for ever

The word navel reminds childbirth
A cord

Is the poem a childbirth or a cord?

It comes out of the belly
anyway.

*****

Escribo yerba y el poema huele a limonaria
(mejor no escribo yerba)
Prefiero que no haya perfumes

Me gusta el aliento del poema recién levantado
como cuando despierta la primera palabra

¿Cuál será mi primera palabra?

No es un nombre:
las personas no son poemas.

*****

I write herb and the poem smells like lemongrass
(I better not write herb)
I prefer that there are no perfumes.

I like the breath of the fleshly up poem.
like when the first word is awake

What would be my first word?

It is not a name:
Persons are not poems.

******

Tal vez la palabra mimbre
por cotidiana
es menos burda que cabuya

Pero al escribir mimbre pensarán en la silla como si digo
guadua hago la casa de campo
El poema hace cosas
con palabras
dice viento y mece la hamaca
con el viento de un verso

Hay versos débiles
Pálidos
Moribundos

¿Y la palabra muerte?
-escuálida-
nadie sabe de ella y ya no asusta.

******

Perhaps the word wicker
for quotidian
is less rough than pita

But when writing wicker you will think of the chair as if I
say giant bamboo I do the cottage
The poem makes things
with words
it says wind and rocks the hammock
with the wind of a verse

There are weak verses
                    Pale
                        Dying

And the word death?
-scrawny-
nobody knows about it and it does not scare anymore.

****

Anoche soñé un poema
Sé que lo era
Pero las palabras se escapan en los sueños
Se vuelven imágenes

¿Hay palabras en los sueños?

Si escribo la palabra sueño
cierro los ojos
y callo
(quedan las imágenes)

****

Last night I dreamt of a poem
I know it was
But words escape in dreams
They become images

Are there words in dreams?

If I write the word dream
I close my eyes
and am silent
(the images remain)

****

Si escribo la palabra
Palabra
Me escondo en su sombra

La primera sombra
fue una palabra dicha

Y se volvió poema
en un jardín de voces desnudas

Nació el octavo día
cuando una mujer dijo: hágase el amor

Y se hizo.

****

If I write the word
Word
I hide in its shadow

The first shadow
was a word spoken

And it became a poem
in a garden of naked voices

It was born on the eighth day
when a woman said, let love be made

And it was done.

2. Un poema soñé anoche

2. A poem, I dreamt last night

*

Los relojes
atrasan
el olvido
un beso
dura
dos
minutos

*

The clocks
postpone
the oblivion
a kiss
lasts
two
minutes

**

Un atrapasueños
                    no
atrapa sueños
                los
enreda.

**

A dream catcher
                    does not
catch dreams
                    it
entangles them.

***

El camino de ida es corto
El camino de vuelta es largo
Porque uno va
y viene
Y trae
recuerdos
(los recuerdos pesan)

***

The road to go is short
The road to return is long
Because one goes
and comes
And brings back
memories
(memories weigh)

****

La
vida
es
la
muerte
disfrazada
de
vida.

****

The
life
Is
the
death
disguised
of
life

*****

No es un micropoema
lo que escribo.

Es un fuego fatuo

Un relámpago
Un beso fugaz
Un puñetazo
Un vértigo
Un sismo

Todo lo que no se espera

*****

It is not a micropoem
what I write.

It is a fatuous fire

A lightning
A fleeting kiss
A punch
A vertigo
An earthquake

Everything you do not expect.

******

Para
Volver
A
Empezar
Hay
Que
Devolverse

****

To
Start
Again
It's
compulsory
To
Return

****

El eco del poema es el eco del poema
(es el eco del poema)
El espejo del poema es el reflejo del poema en el espejo del poema.

Por eso respira el viento en la boca que lo lanza.
Por eso el revés de lo que se lee, la contradicción.
Por eso se repite, se repite, por eso se ve dos veces.

Es el eco del poema en el reflejo del poema.

Por eso el silencio y la sombra en mis palabras.

Mi silencio no tiene eco.
Mi sombra no tiene reflejo.

****

The echo of the poem is the echo of the poem
(it is the echo of the poem)
The mirror of the poem is the reflection of the poem in the mirror of the poem.

That is why, breaths the wind, inside the mouth that throws it away.
That is why the reverse of what is read, the contradiction.
That is why it is repeated, is repeated, that is why you see it twice.

It is the echo of the poem in the reflection of the poem.

That is why the silence and the shadow in my words.

My silence has no echo.
My shadow has no reflection.

3. En mi altillo

3. In my attic

*

Esto de esculcarme la escritura,
desde hace unos días,
me ha hecho entrar en los huesos
para hallar palabras
que aún no tienen piel.

Y no hay pulso aún, no hay venas.

Hay una poeta en busca de sí, fuera de sí.

Busco retornar al vientre de un verso
Y ya nacerá algo que respire.

*

This thing of searching my handwriting,
for a few days,
has made me go into the bones
to find words
that still do not have skin.

And there is no pulse yet, no veins.

There is a poet looking for herself, out of herself.

I seek to return to the belly of a verse
And something will be born that breathes.

**

Estoy tan cerca del silencio,
que cualquier vocablo es un sacrilegio.
Mi eco es una sombra tenue.
No puedo arañar ese silencio
que me guarda a veces
con tanta benevolencia.
No puedo deshonrar el umbral
con alguna frase vacía.

Algo se pronuncia adentro.

Y aún no está manchado de lenguaje.
Pronto, nacerá un poema.
Por eso debo callar,
ahora es su turno.

**

I am so close to silence,
that any word is a sacrilege.
My echo is a faint shadow.
I cannot scratch that silence
that saves me sometimes
with such benevolence.
I cannot dishonor the threshold
with some empty phrase.

Something is pronounced inside.

And it is not stained with language yet.
Soon, a poem will be born.
That is why I must shut up
now it is its turn.

***

Esta noche descubrí que no nací de la raíz de un árbol,
al ver la piel que envuelve mi torso.
Igual, sé que compartimos más que las ramas que nos brotan: nuestros versos caen en otoño para volverse palabras secas
y los pájaros, confiados,
hacen nidos en la vida que nos queda.

Permanezco entre los espacios de sus más preciadas palabras,
pero
¿Qué sería de un árbol sin los pequeños rayos de luz entre sus hojas?

***

Tonight I found out I was not born from the root of a tree,
when seeing the skin that wraps around my torso.
Anyway, I know we share more than the
branches that sprout from ourselves: our verses fall in autumn to become dry words
and the birds, confident,
make nests in the life we have left.

I remain among the spaces of your most precious words, but
What shall it be of a tree without the small rays of light between its leaves?

****

Necesitaba la raíz de un árbol pequeño
que creciera no del todo recto
y lo sembraste en mi piel
sin darte cuenta.

Necesitaba un piso para caer
caminar descalza
danzar desnuda
y me diste tu cuerpo

Eres la tierra en que florece este poema.

****

I needed the root of a small tree
that grew not quite straight
and you planted it on my skin
without you noticing.

I needed a floor to fall
to walk barefoot
to dance naked
and you gave me your body

You are the land on which this poem flourishes.

******

Tengo dos corazones ahora
El mío en el costado
y el suyo en mi vientre
¿Cómo flota la luz en el agua de un vientre?

Su latido danza por mi cuerpo.
Se mueve dentro mío un camino.

Recorre todo lo que he venido siendo,
lo que he querido ser.
¿Cómo no cuidarlo?
¿Cómo no guardar el lugar que habita quien conoce todos
tus secretos?

Puedo darle ahora el agua, la luz,
el sueño, la música.

Y las palabras.

******

I have two hearts now
Mine on the side
and yours in my womb
How does light float in the water of a belly?

His heartbeat dances through my body.
There is a path moving inside me.

Go through all that I have been,
all that I have wanted to be.
How can I not take care of him?
How can you not save the place you inhabit who knows all your secrets?

I can give you the water, the light,
the sleep, the music.

And the words.

****

Siempre sabemos uno del otro, así sea por los bordes
(mi amigo A)

Estar al borde de unos ojos
es sostenerse, levemente,
de una mirada

Saber del otro
    -desde el borde-
es ver un paso de crisálida
asomarse a su vida
reconocer vacíos

Acompañar
    Al fin
En calma

un viento
un asombro
un filo del tiempo.

****

Always we know one about the other, even by the edges.
(my friend A)

Being on the edge of a pair of eyes
means holding, slightly,
from a glance

Knowing about the other
 -from the edge-
means staring at a chrysalis step
peek out into his life
recognize gaps

Accompanying
 At last
Calmly

a wind
an astonishment
an edge of time.

****

Te lloro ahora.

Mañana llevaré flores secas en mi cuerpo
Y en seis días,
bueno, siete, contando que hay más tiempo

esparciré tus palabras,
            cenizas de dudas
enterraré tus palabras
            huesos de miedo

en un lugar
lejos
muy lejos del recuerdo.

****

I mourn you now.

Tomorrow I will carry dried flowers in my body
And in six days,
well, seven, counting that there is more time

I will spread your words,
            ashes of doubt
I will bury your words
            bones of fear

in a place
far
far away from memory.

****

Construí el nido con fibras de incertidumbre
y se sostuvo
porque no hay nada cierto
todo nace cada día
(incluso la primera mirada)

De mi boca pasé las palabras
a tu boca,
que alimentan tu paso por el mundo.

Es lo que tenía.

Creí necesario que supieras del frío y la lluvia
y que las alas las traías puestas como piel.

Espero tu vuelo,
te acompaño en el borde:
no voy a mostrarte cómo lo hago
no te daré mi vértigo
ni mis caídas.

Solo mi canto que te acoge.
Solo mi verso que es tu nido
con fibras de incertidumbre.

****

I built the nest with a knitting of uncertainty
and it stayed up
because there is nothing true
everything is born every day
(even the first glance)

From my mouth I passed the words,
to your mouth,
that feed your passage through the world.

That is what I had.

I believed it was necessary for you to know about the cold
and the rain.
and that you wore the wings like skin.

I wait for your flight,
I am with you on the edge:
I am not going to show you how I do it.
I will not give you my vertigo
nor my falls.

Only my chant that welcomes you.
Only my verse that is your nest
with a knitting of uncertainty.

4. Habitaciones

4. Rooms

*

Mi cuerpo es un estante de recuerdos
quizás soy colcha de retazos
madeja de voces enredadas
hostal de sueños
o
memoria de
de papel.

*

My body is a shelf of memories
perhaps am a patchwork quilt
hank of entangled voices
hostel of dreams
                    or
memory made
of paper.

**

Me habita el vientre que ocupé
Y sus dolores de parto
van a doler por siempre
como una molestia en sus ojos
que señalan y culpan
Sé que mi cuerpo
estuvo dentro de ese cuerpo
No hay forma de cortar el cordón
no hay modo de quitarme el ombligo
y eso basta

(uno también ama desde allí)

**

I am inhabited by the womb I occupied
And its labor pains
They are going to hurt forever
like a nuisance in eyes
that point and blame
I know my body
was inside that body
There is no way to cut the cord
there is no way to remove the navel.
and that is enough

(one also loves from there)

***

Luego otros ombligos
estuvieron anclados a mi
vientre
              -dos-
Cuna de carne y sangre me
habita el cuerpo,

pero también otras partes
como el miedo o los huesos
(ruego porque la vida sea un útero también fuera de mí)

***

Then other navels
were anchored to my
belly
                -two-
Cradle of flesh and blood
dwells in my body,

but also other parts
like fear or bones
(I pray that life will be a womb also outside of me)

****

Más que seres,
de niña me habitaron
los juegos
Y en sus alcobas risas
Resuenan ojos
bajo cobijas

Cama franca
        Infancia borrosa
      Y olores
Hilos de sangre que corren por alguna vena

****

More than beings,
when a child inhabited me
the games
And in their chambers laughter
Eyes ring
under blankets

A bed for everyone
    Blurred childhood
    And smells
Strands of blood that run through a vein

*****

Hay una parte de mí
deshabitada
        Sin puerta
Huéspedes y pasajeros cruzan

En desorden quedan

Pinturas
Bibliotecas
Caricias
Música
Orgasmos
Mochilas olvidadas,
fotos y soledades instantáneas
Zapatos
Botellas de vino
Besos
    Rasguños
            Cicatrices
      Fragmentos de
            madera.

*****

A part of me is
uninhabited
Without door
Guests and passengers cross

In disorder are left

Paintings
Libraries
Caresses
Music
Orgasms
Forgotten shoulder bags,
photos and instant solitudes
Shoes
Bottles of wine
Kisses
Scratches
Scars
Fragments of
wood.

******

También soy nido
de lo que permanece
y quiere verse reflejado en mi espejo

Seres de viajes,
lugares que no eran nuestros
Seres que no querían quedarse

Y se quedaron
entre rendijas, en esquinas de alguna parte de mi cuerpo

Se asoman
          Y vuelven al lugar que han elegido.

******

Am also a nest
of what remains
and wants to see itself reflected in my mirror

Beings from journeys,
places that were not ours
Beings who did not want to stay

And they stayed
between slits, in corners of some
part of my body

They lean out
    And return to the place they have chosen.

****

Habito su silencio

Y, sin embargo,
sé de ese grito
que lo ahoga
en alguna parte de su cuerpo.

****

I dwell his silence

And, nevertheless,
I know of that scream
that drowns him
somewhere in his body.

****

Escucho una música
que viene de la habitación del lado
Me apacigua.

Vecinas del mismo vientre
sin paredes o muros.

Visito los recuerdos:
Una muñeca vestida de azul
con ojos teñidos de azul
me mira
y le canto que es mi amuleto
mi contigua, mi par, mi cobija,
mi espejo

Mi otro yo, pero ella.

En la habitación del lado
late mi costado izquierdo.

****

I hear a music
that comes from the side room
It appeases me.

Neighbors of the same womb
without walls or barriers.

I visit the memories:
A doll dressed in blue
with eyes dyed blue
it looks at me
and I sing to her that she is my amulet
my contiguous, my pair, my blanket, my mirror

My other me, but her.

In the room next door
Beats my left side.

****

Te habito.
Tu cuerpo es mi albergue hecho piel.
Tu mente un rincón de mis primeras palabras
(las que nacen cada día de mi boca).
Tu corazón es tinaja,
jarrón,
cántaro,
ánfora,
vasija.

Por eso soy hostal de paso.
No estoy en mí cuando alguien quiere quedarse.

****

I live in you.
Your body is my shelter made skin.
Your mind a corner of my first words
(the ones that are born every day
from my mouth).
Your heart is jar,
vase,
pitcher,
amphora,
crock.

That is why am a guesthouse.
I am not in myself when someone wants to stay.

****

Ayer
le hice el amor al amor
Y ello fue una blasfemia,
una revelación.
Entonces
Mi cuerpo cayó en mí
Y el amor
desnudo
se durmió a mi lado
Esta mañana
el amor me hizo el amor
Arrancó ropa y miedos
dijo palabras (de las suyas)
atravesó mi piel

Y en la tarde después del té
Salió de mi casa el amor
porque tenía algunas otras cosas
-quizás- por hacer
fuera de hacer el amor.

****

Yesterday
I made love to love
And that was a blasphemy,
a revelation.
Then
My body fell on me
And love
naked
fell asleep next to me
This morning
love made me love
It tore clothes and fears
It said words (of his own)
it went through my skin

And in the afternoon after tea
Went out of my house, the love
because it had some other things
-perhaps- to do
out of making love.

5. Versos aislados (en el altillo, en la cocina, en la escalera, tras la persiana y en el armario)

5. Isolated verses (at the attic, in the kitchen, on the stairs, behind the blind, in the wardrobe)

*

La madera cruje
-canta-
al fin la escucho.

Desde hace unos días
me acompaña el silencio
de una ciudad deshojada

La madera del altillo
cuenta algo más que recuerdos

Ella susurra
-cruje-

Mientras yo intento escribir
sobre el silencio de una ciudad deshojada en el altillo

donde la madera cruje
                -canta-

*

The wood creaks
-sings-
I finally hear it.

A few days ago
am accompanied by silence
of a leafless city

The wood of the attic
tells more than memories

She whispers
-crunches-

While I try to write
about the silence of a leafless city on the attic

where the wood creaks
                -sings-

**

Faltaba el olor a café
La alacena tiene adentro
mucho menos que el vacío
    (las frutas crecen lejos de los canastos)

Observo
La forma de los platos
La cuchara de palo
La olleta
que no desaparece
que guarda, más que agua,
un tiempo de infancia
        (trastos de infancia)

Afuera
la ciudad envejece sola
y en la cocina una olleta vieja
ya desde hace años
guarda el olor a café.

**

Missing the smell of coffee
The cupboard has
much less in it than the emptiness
    (fruits grow away from baskets)

I observe
The shape of the dishes
The wooden spoon
The pot
that does not disappear
that keeps, more than water,
a time from childhood
    (crockery from childhood)

Outside
the city ages by itself
and in the kitchen an old pot,
already for years,
keeps the smell of coffee.

***

Hacia arriba hay silencio
también cansancio
mucha noche por delante
y un insomnio solapado

Hacia abajo crece luz
se cuela el viento cálido
la mesa está dispuesta
y la ciudad -afuera-
despierta solitaria.

En la mitad de la escalera
nace y muere el día
dentro de mi casa.

***

Upwards there is silence
also fatigue
too much night ahead
and furtive insomnia

Downwards grows light
the warm wind slips in
the table is ready
and the city -outside-
awakens lonely.

In the middle of the staircase
the day is born and dies
inside my house.

****

No subir la persiana
para ver la ciudad fragmentada
reconocer la esquina del ala
de un ave que pasa
-al fin libre- por la ventana.

La sombra de una parte del árbol
los ojos arrugados del vecino
que cruza la acera.

No subir la persiana

Ser parte
de un pedazo de todo.

****

Do not raise the blind
to see the fragmented city
recognize the corner of the wing
of a passing bird
-at last free- through the window.

The shadow of a part of the tree
the wrinkled eyes of the neighbor
that is crossing the sidewalk.

Do not raise the blind

Be a part
of a piece of everything.

*****

El maullido del gato
La risa de la niña
La música de un eco de rock
y sus voces

Sonidos aislados

Los gritos afanados
del vendedor de eucalipto.
La ciudad quieta.

Todo
          capturado en el armario

*****

The meowing of the cat
The girl's laugh
The music of an echo of rock
and its voices

Isolated sounds

The rushing screams
from the seller of eucalyptus.
The city is still.

Everything
captured in the wardrobe

6. Alcobas milimétricas (en los miedos, en las soledades, en la danza, en los desencuentros, en los poemas)

6. Millimetric bedrooms (within fears, within solitude, within dancing, within disagreements, in the poems)

De los miedos

I.
El árbol también tiembla
cuando el viento irrumpe a su paso.

II.
Se asoma en el charco un rostro
que, cautivo,
desaparece a media tarde
cuando la noche lo seca.

III.
La nostalgia es el miedo
que no logra ser recuerdo.

IV.
La noche se esconde de otro día
sin tiempo de amanecer.

V.
Entonces comprendo que el abismo
también puede caer
dentro de uno.

About the fears

I.
The tree also trembles
when the wind breaks in its path.

II.
A face appears in the pond
that, captive,
disappears in the middle of the afternoon
when the night dries it.

III.
Nostalgia is the fear
that does not manage to be a memory.

IV.
The night hides from another day
without time to dawn.

V.
Then I understand that the abyss
can also fall
inside oneself.

De las soledades

I.
La casa, llena de gente,
se siente sola.

II.
La hora de la soledad
es la tarde noche,
cuando todos están en las calles.

III.
El espejo solitario
se cansa del reflejo de los otros,
no puede verse
en los ojos de nadie.

IV.
El vacío:
espacio de la nada.

V.
El silencio permanece solo,
así hable a gritos.

About loneliness

I.
The house, plenty of people,
feels lonely.

II.
The hour of loneliness
is the late evening,
when they are all on the streets.

III.
The lonely mirror
gets tired of the reflection of others,
it cannot see itself
in nobody's eyes.

IV.
The void:
space of nothing.

V.
Silence remains alone,
even if it cries.

De la danza

I.
El ahogo,
esa danza de respiración entrecortada.

II.
Danza la palabra
cuando no sabe cómo decirse.
La boca: su refugio.

III.
De sus ojos brotan
como flores
lágrimas.

IV.
La danza del tiempo es la vida,
cada segundo, un ritmo cadencioso.

V.
Danzan mis manos
para lograr este verso.

About the dance

I.
The drowning,
that dance of broken
breathing.

II.
Dance, the word,
when it is not known how to say it.
The mouth: its refuge.

III.
Out of her eyes sprout
like flowers
tears.

IV.
The dance of time is life,
every second, a rhythmic rhythm.

V.
My hands dance
to achieve this verse.

De los desencuentros

I.
La lluvia cae en el río
y se deshace en llanto.

II.
Los espacios entre las palabras
son como la luz
entre las hojas de un árbol.

III.
La noche,
justo el momento
en que muere y nace algo.

IV.
Llegó justo a mi paso de crisálida
mis alas fueron su vuelo.

V.
El cuerpo cae del reflejo del sueño
-único espacio para sí mismo-
Y despierta.

VI.
Mis pies dan pasos sobre sus huellas
se me olvidó el camino.

About misunderstandings

I.
Rain falls on the river
and melts away in tears.

II.
The spaces between words
are like the light
among the leaves of a tree.

III.
The night,
just the moment
when it dies and something is born.

IV.
He came right at my turning into chrysalis
my wings were his flight.

V.
The body falls from the reflection of dreaming
-only space for oneself-
And wakes up.

VI.
My feet take steps on his tracks
I forgot the way.

De los poemas

I.
El poema florece, sí.

II.
Escribo en una hora incierta
en que la noche desmaya
y surge algo de luz.

III.
He hallado un asombro
una voz, un silencio,
una hoja que -en blanco-
espera un nuevo verso.

IV.
Hay poemas ciegos,
como el amor.

V.
Anoche soñé un poema
voy a intentar hacerlo realidad
Los poemas también se cumplen
-a veces-

About the poems

I.
The poem flourishes, it does.

II.
I write at an uncertain hour
when the night faints
and some light emerges.

III.
I have found an astonishment
a voice, a silence,
a sheet that -in white-
waits for a new verse.

IV.
There are blind poems,
like love.

V.
Last night I dreamt of a poem
I am going to try to make it real.
The poems also come true
-sometimes-

7. Espacios de resistencia

7. Space for resistance

*

Río,
quiero bautizar mi canto por ellos
con el hilo de tu sangre olvidada.
La matria sabe que hay huesos bajo tierra
y, sin embargo, nacen flores de su vientre recién bañado
por la lluvia

Caen gotas encima de la fosa
    -de ella nada florece-
porque no hay nombres a quien cantarles
No hay olvidos, ni recuerdos
que permitan tejer la memoria de sus días
Es la casa de todos
que a la vez son ninguno

Quiero bautizar mi canto por ellos
con el hilo de tu sangre olvidada, río.
Así sabremos de quién eran esos restos
y botaremos sus cenizas en tu cauce
Quizás solo entonces tendrán un nombre,
antes de hallar sus cuerpos,
un nombre que antecede sus huesos
y será escrito en la fosa.

*

River,
I want to baptize my song for them
with the thread of your forgotten blood.
The motherland knows there are bones in the ground
And, however, flowers bloom from her womb freshly bathed by rain

Drops fall on top of the grave
    -from it nothing blooms-
because there are no names to sing to
There are no oblivions, no memories.
that allow us to knit the memory of their days
It is everybody's home
which at the same time are none

I want to baptize my song for them
with the thread of your forgotten blood, river.
Then we will know whose remains those were
and we will cast his ashes into the river bed
Perhaps only then, they will have a name,
before finding their bodies,
a name that precedes their bones
and it will be written on the tomb.

**

Corre pronto, niño mío,
que las balas del odio
no rompan tu sueño...
Déjame cantar un poco
antes que tu sangre
regada en la ciudad
cruce la esquina
Tu sangre que me latió dentro
ahora moja los charcos
y salpica los pies
de quienes pasan.
No te reprocho, mi niño
saliste a reclamar vida
gritaste
                                        gritaste
por los que no gritan
y ocupan un lugar en el vacío.
Saliste por los fantasmas
quietos y silenciados
llenos de miedo
y cansancio
Déjame cantar un poco
por tu sangre, que es la mía
y ahora también de las calles
de mi vientre
y de mi llanto.

**

Run soon, my child,
so that the bullets of hatred
do not break your dream...
Let me sing a little
before your blood,
spilled in the city,
goes across the corner
Your blood that beat inside me
now wets the puddles
and splashes the feet
of those who pass by.
I do not blame you, my child,
you went out to claim life
you shouted
                                        you shouted
for those who do not shout
and occupy a place in the void.
You went out for the
quiet and silenced ghosts,
plenty of fear
and tiredness
Let me sing a little
for your blood, which is mine
and now also from the streets
of my belly
and my crying.

Pyajc (Hermano con hermano, en lengua Nasa)

Para Albeiro y Luis Hugo Silva Mosquera, asesinados un domingo a las 8:30 pm

I
Esta noche hay un presagio de viento
y llega hasta el resguardo
de una tierra olvidada
Bajan dos hilos de sangre hacia el río Cauca
Hilos del tiempo
recuerdos
                    Hilos que tejen familia

El domingo
las ráfagas se confunden con los truenos
                                        -con los gritos-
Dos hilos de sangre y memoria
bajan del pecho hacia el suelo
de una tierra ancestral
Hilos de una misma raza
sueños
                    Hilos que tejen familia

La tierra originaria danza los domingos
Se nombra resistencia, se dice: resistencia
Allá en La Morena
dos hilos de sangre y voz declaran vida
Bajan de la garganta al pueblo
de todos y ninguno
Hilos de la guardia que canta
                    Hilos que tejen familia.

II
Nacimos del mismo útero
y de la misma tierra
                hermano
Nuestra madre La Cilia
nos convoca a seguir cantando
dentro de su vientre
cada domingo

Pyajc (Brother with Brother, in Nasa language)

For Albeiro and Luis Hugo Silva Mosquera, killed on a Sunday at 8:30 pm

I
Tonight there is an omen of wind
and reaches the reservation
of a forgotten land
Two strands of blood go down to the Cauca River
Threads of time
memories
Threads that weave family

On Sunday
the bursts are confused with the thunder
-with the screams-
Two threads of blood and memory
come down from the chest to the ground
of an ancestral land
Yarns of the same breed
dreams
Threads that weave family

The original land dances on Sundays
It is named resistance, it is said: resistance
Over there in La Morena
two threads of blood and voice declare life
They come down from the throat to the village
of everyone and none
Threads of the guard that sings
Threads that weave family

II
We were born of the same uterus
And from the same land
brother
Our mother La Cilia
convoke us to continue singing
Inside her womb
every Sunday

Corrimos desde niños
hacia el río que hoy nos refleja
hermano
Las ánimas nos proclaman
para ser raíces sembradas
en el campo del Cauca
El mismo día
A la misma hora
La noche del domingo

El tiempo ya no existe
hermano

We run since we were children
towards the river that today reflects us
brother
The souls proclaim us
to be sown roots
in the Cauca countryside
On the same day
At the same time
The night of Sunday

Time does not exist anymore
brother

****

Deshabitado el silencio
la voz del poema
resuena

-más allá de la ráfaga de fuego-
vuela,
acaricia el llanto.

La palabra tiene toda la vida
por delante
se opone a quien atenta contra
el sueño
de quienes no tenemos miedo
ni espanto a la certeza
de la luz
en un verso desde la resistencia.

****

Uninhabited the silence
the voice of the poem
resonates

-beyond the burst of fire-
flies,
caresses the cry.

The word has his whole life
ahead
It opposes to those who attack the
dream
of the ones that are not afraid
nor fear to the certainty
of the light
in a verse from the resistance.

8. Habitaciones sin luz

8. Rooms without light

*

El corazón no suele mirar hacia dónde palpita
Es un ritmo ciego
Solo retumba
Se expande en diástole
y se entrega al cuerpo de la sangre que lo mueve.

*

The heart does not usually look towards where it beats
It is a blind rhythm
It just rumbles
It expands in diastole
and it gives itself to the body of the blood that moves it.

**

La muerte no ve por dónde camina
Tropieza, se enreda y cae dentro de uno.

Y uno cae de golpe, con ella.

La muerte no quiere el cuerpo con que tropieza
y lo abandona en el lugar del crimen
para olvidar su torpe manera
de andar por la vida.

**

Death does not see where it walks
It stumbles, gets tangled and falls into you.

And you fall all at once, with her.

Death does not want the body it stumbles upon
and abandons it at the scene of the crime
to forget their clumsy way of walking through life.

***

Gestamos un espacio ciego.

Allí ocurre el soplo del tiempo
que nos habita unas horas
flotamos en una cuna de agua
que no vemos
que nos cubre
ni siquiera recordamos ese ahogo
-y luego el otro ahogo al salir al viento-

Nacemos en un espacio ciego.

***

We gestate a blind space.
There happens the breath of time
that inhabits us for a few hours
We float in a cradle of water
that we do not see
that covers us
We do not even remember that drowning
-and then the other drowning when coming out to the wind-

We are born in a blind space.

****

Se abre y se cierra el telón.
Es el espacio ciego del párpado
y ocurre mientras miramos o no miramos.

****

It is opened and closed, the curtain.
It is the blind space of the eyelid
and it happens while we watch or we do not watch.

*****

No hay espacio más ciego
Que la vida.

*****

There is no as blind space
As life.

******

Sentir la cicatriz porque la tocas
y sabes que hubo un dolor allí dispuesto

La sal de la lágrima porque te sabe a un llanto
que en algún instante llovió por ese rostro

El aliento que sale de esa boca besada tantas veces

Y todo lo que no se ve
lo que está ciego

como el poema
como el amor

******

Feeling the scar because you touch it
and you know there was a pain there stipulated

The salt of the tear because it tastes like a cry
that at some point it rained down that face

The breath that comes out of that mouth, kissed so many times

And all that it is not seen
what is blind

like the poem
like love

Traductor: John Mario Cárdenas Garzón

Bogotá, Colombia. Traductor, egresado de la Escuela Distrital de Ballet y Licenciado en Filología e Idiomas - Inglés de la Universidad Nacional de Colombia. Estudió Danza y terapia del movimiento, en el Conservatorio Nieder Mayer y es Maestrante en estudios culturales de la Universidad Javeriana. Docente de planta del Proyecto curricular arte danzario en la Universidad Distrital Francisco José de Caldas. Facultad de Artes ASAB. Autor de "Corporeidades, sensibilidades y performatividades. Experiencias y reflexiones". Ha traducido diversos textos académicos y obras poéticas, como poemas de la publicación bilingüe Torkito Tarjoni (Bangladesh).

Translator: John Mario Cárdenas Garzón

He was born in Bogotá, Colombia. He was an English teacher and has worked as a translator. He studied ballet at Escuela Distrital de Ballet in Bogotá and obtained a Bachelor Degree of Philology and Languages -English- from Universidad Nacional de Colombia. Furthermore, he studied Dance and Therapy of Movement at the Nieder Mayer Conservatory in Paris. John has a master's degree in Cultural Studies from Universidad Javeriana. Currently, he is a professor at the Dance Program at Universidad Distrital Francisco José de Caldas. He is author of Corporalidades, Sensibilidades y Performatividades. Experiencias y reflexiones. He has translated various academic texts and poetic works, such as poems from the bilingual publication Torkito Tarjoni (Bangladesh).

Mónica Lucía Suárez Beltrán

Bogotá, Colombia. Profesional en Estudios Literarios y Magíster en Educación, Universidad Nacional de Colombia. Autora de textos literarios como *Tenues y tonos, Colorario de ciudad* (2008), publicado por Editorial Anidia, en Salamanca (España). Su libro de poemas *Cinco movimientos y medio en el espacio* (2017), ha sido reconocido por posibilitar el diálogo con las artes plásticas y la danza, publicó en 2019 *Madeja de voces* (Nueva Luz 21) y *Anatomía de la niebla* (Poemas selectos Viernes de Poesía, UNAL) en 2021. Escritora invitada a revistas y Festivales nacionales e internacionales, con publicación de poemas compilados en varias antologías. Consejera Distrital de Cultura en Literatura y coordinadora del Movimiento Poético Mundial en Colombia.

Mónica Lucía Suárez Beltrán

Bogotá Colombia. Professional in Literary Studies and master's degree in education. Author of literary texts such as "*Tenues and tones, Colorario de ciudad*" (2008), published by Editorial Anidia, in Salamanca (Spain). Her book of poems "*Five and a half movements in space*" (2017), has been recognized for enabling dialogue with the plastic arts and dance. Published "*Skein of Voices*" (2019) and *Anatomy of the fog* (2021). She has been invited to several Festivals in the world, with publication of poems compiled in various anthologies. District Councilor for Culture in Literature and Coordinator of WPM Colombia.

www.ingramcontent.com/pod-product-compliance
Lightning Source LLC
LaVergne TN
LVHW091001080826
845145LV00003B/1084

* 9 7 8 1 9 5 2 3 3 6 1 8 8 *